나에게 칭찬 한 줄

아이콘
북스

시작하며 |

칭찬의 효과는 익히 우리가 알고 있고 자존감을 높이는데 큰 도움이 된다는 것 또한 알고 있지만 정작 나를 위한 칭찬은 인색할지도 모릅니다. 이 책은 소중한 나에게 전하는 진정한 선물이며, 매일 하루 10분, 나와 마주하고 나에게 칭찬하는 습관을 만들어주는 보물입니다.

갑자기 나에게 칭찬을 하려니 막연하게 느껴질 수도 있습니다. 그만큼 나에게 칭찬하지 않았을지도 모릅니다. 때때로 나에게 만족하지 못해 자책하면 할수록 자신감을 잃고 절망하고 자존감이 추락해버린 경험은 누구나 있을 것입니다. 자존감을 높이겠다고 해도 단숨에 이루어지는 것은 아닙니다. 이 책은 하루 중 짧은 시간이라도 나와 마주하는 시간으로 만들고 토닥토닥 내 마음을 달래는 한 줄의 작은 칭찬부터 시작해 행복한 인생 습관을 만들어 가는 첫 걸음이라고 할 수 있습니다.

이 책은 쓰기만 해도 마음의 위로가 되는 칭찬 한 줄을 적는 부분과 인생의 놓치고 싶지 않은 순간의 생각이나 글, 그림, 사진 등을 자유롭게 기록하는 부분으로 구성되어 있습니다. 칭찬은 한 줄이어도 좋고 더 많이 해도 좋습니다.

나를 위한 칭찬과 소중한 기록은 지쳤던 마음에 위로가 되고 긍정과 용기를 불어넣어 줄 것이며, 삶의 가치와 자존감을 높여주고 새로운 나를 발견하는 소중한 기회가 될 것입니다. 매일의 작은 습관이 최고의 인생을 만들어 줄 것입니다.

1

내가 원하는 내 모습을 상상한다

칭찬 한 줄

Record

칭찬 한 줄

2

올해의 목표를 정해본다

칭찬 한 줄

Record

올해의 목표를 정해본다

3

나는 중요한 존재다

칭찬 한 줄

Record

나는 중요한 존재다

4

나는 나를 사랑한다

칭찬 한 줄

Record

5

나는 운이 좋다

칭찬 한 줄

Record

나는 운이 좋다

6

나는 아름답다

칭찬 한 줄

Record

7

인생에서 가장 하고 싶은 일을 생각한다

칭찬 한 줄

Record

나에겐 꼭 좋은 일이 생긴다

칭찬 한 줄

Record

나의 좋은 습관을 적어본다

칭찬 한 줄

Record

나의 좋은 습관을 적어본다

10

내가 원하는 일을 한다

칭찬 한 줄

Record

11

커피 한 잔의 여유를 갖는다

칭찬 한 줄

Record

12

내 곁에는 늘 좋은 사람들이 있다

칭찬 한 줄

Record

13

가족들에게 "오늘 하루 수고했어" 라고 말한다

칭찬 한 줄

Record

14

건강함을 감사한다

Record

건강함을 감사한다

15

좋은 책을 읽는다

칭찬 한 줄

Record

좋은 책을 읽는다

16

오늘도 보람 있는 하루를 보낸다

칭찬 한 줄

Record

오늘도 보람 있는 하루를 보낸다

17

무슨 일이든 자신감을 갖는다

칭찬 한 줄

Record

무슨 일이든 자신감을 갖는다

18

큰 소리로 유쾌하게 웃는다

칭찬 한 줄

Record

큰 소리로 유쾌하게 웃는다

19

누군가에게 "고맙다"라고 말한다

칭찬 한 줄

Record

20

사람들을 따뜻하게 대한다

칭찬 한 줄

Record

사람들을 따뜻하게 대한다

오로지 나만을 위한 휴식을 갖는다

21

칭찬 한 줄

Record

오로지 나만을 위한 휴식을 갖는다

22

나는 행복하다고 주문을 외운다

칭찬 한 줄

Record

나는 행복하다고 주문을 외운다

주말여행을 계획한다

칭찬 한 줄

Record

주말여행을 계획한다

24

미루지 않고 지금 이 순간
행동한다

칭찬 한 줄

Record

미루지 않고 지금 이 순간
행동한다

25

완벽한 하루를 보내려고 애쓰지 않는다

칭찬 한 줄

Record

26

가장 즐거웠던 일을 생각한다

칭찬 한 줄

Record

27

스트레스가 쌓일 때는
맛있는 음식을 먹는다

칭찬 한 줄

Record

28

사랑하는 사람을 위해
맛있는 요리를 한다

칭찬 한 줄

Record

맘껏 놀아도 좋다

29

칭찬 한 줄

Record

맘껏 놀아도 좋다

30

1년 후의 내 모습을 상상한다

칭찬 한 줄

Record

매일의 기록을 남긴다

31

칭찬 한 줄

Record

1

나는 세상에서 가장 행복한 사람이다

칭찬 한 줄

Record

나는 세상에서 가장 행복한 사람이다

나의 장점을 생각한다

2

칭찬 한 줄

Record

3

내일의 계획을 세운다

칭찬 한 줄

Record

밝은 웃음으로 인사한다

4

칭찬 한 줄

Record

밝은 웃음으로 인사한다

5

부모님께 안부 전화를 드린다

칭찬 한 줄

Record

부모님께 안부 전화를 드린다

사랑하는 사람과 함께 함을 감사한다

칭찬 한 줄

Record

7

나는 세상에 단 하나뿐인 소중한 존재다

칭찬 한 줄

Record

나는 사랑받기 위해 태어났다

칭찬 한 줄

Record

나는 사랑받기 위해 태어났다

가장 행복했던 기억을 떠올린다

칭찬 한 줄

Record

가장 행복했던 기억을 떠올린다

10

나의 가치관을 생각한다

칭찬 한 줄

Record

11

남자 친구를 위한 선물을 준비한다

칭찬 한 줄

Record

12

남편에게 사랑한다고 말한다

칭찬 한 줄

Record

13

나는 외롭지 않다

칭찬 한 줄

Record

나는 외롭지 않다

14

오늘 가장 기억에 남는 일을
떠올린다

칭찬 한 줄

Record

15

토요일 오전에 하고 싶은 일을
적어본다

칭찬 한 줄

Record

16

퇴근 후 행복한 저녁시간을 즐긴다

칭찬 한 줄

Record

17

재미있는 뮤지컬을 본다

칭찬 한 줄

Record

18

공원을 산책한다

칭찬 한 줄

Record

공원을 산책한다

19

매사에 긍정적으로 생각한다

칭찬 한 줄

Record

매사에 긍정적으로 생각한다

20

마음이 두근거리는 일을 찾는다

Record

21

무사히 보낸 오늘 하루를 감사한다

칭찬 한 줄

Record

22

지금 이대로 충분하다

지금 이대로 충분하다

23

사랑하는 사람을 응원한다

칭찬 한 줄

Record

사랑하는 사람을 응원한다

가장 좋아하는 말을 적는다

24

칭찬 한 줄

Record

가장 좋아하는 말을 적는다

25

인생에서 가장 이루고 싶은 일을
생각한다

칭찬 한 줄

Record

인생에서 가장 이루고 싶은 일을
생각한다

26

주말엔 무작정 걸어본다

칭찬 한 줄

Record

주말엔 무작정 걸어본다

27

긴장 푸는 방법을 알아둔다

칭찬 한 줄

Record

긴장 푸는 방법을 알아둔다

28

마음을 너그럽게 갖는다

칭찬 한 줄

Record

29

밤 하늘의 별을 바라본다

칭찬 한 줄

Record

좋은 생각을 한다

1

칭찬 한 줄

Record

좋은 생각을 한다

2

나를 객관적으로 바라본다

칭찬 한 줄

Record

과거, 미래보다 지금 이 순간이 중요하다

3

찬 한 줄

Record

과거, 미래보다 지금 이 순간이
중요하다

4

과정을 즐기고 몰입한다

칭찬 한 줄

Record

과정을 즐기고 몰입한다

가끔 나를 위한 선물을 준비한다

5

칭찬 한 줄

Record

6

당당한 내 모습을 상상한다

칭찬 한 줄

Record

당당한 내 모습을 상상한다

어릴 적 이루고 싶었던 꿈

칭찬 한 줄

Record

시작한 일은 꾸준히 한다

칭찬 한 줄

Record

시작한 일은 꾸준히 한다

오늘의 일을 내일로 미루지 않는다

칭찬 한 줄

Record

10

여자 친구의 선물을 준비한다

칭찬 한 줄

Record

11

아내에게 사랑한다고 말한다

칭찬 한 줄

12

좋은 친구를 늘 소중히 여긴다

칭찬 한 줄

Record

좋은 친구를 늘 소중히 여긴다

13

친구가 힘들 때 위로의 말을 건넨다

칭찬 한 줄

Record

14

소중한 사람과
즐거운 시간을 보낸다

칭찬 한 줄

Record

내 기준에 누군가를
맞추려 하지 않는다

15

칭찬 한 줄

Record

16

나는 배려심이 있다

칭찬 한 줄

Record

17

나는 멋진 사람이다

칭찬 한 줄

Record

나는 멋진 사람이다

18

나는 감성이 풍부하다

칭찬 한 줄

Record

나는 감성이 풍부하다

19

독서를 한다

찬 한 줄

ecord

독서를 한다

20

혼자 있는 시간을 즐긴다

칭찬 한 줄

Record

혼자 있는 시간을 즐긴다

긍정적인 말로 나를 칭찬한다

칭찬 한 줄

Record

22

남들이 말하는
내가 잘하는 일을 적어본다

칭찬 한 줄

Record

23

실패를 두려워하지 않는다

칭찬 한 줄

Record

24

긴장이 될 때
심호흡을 크게 한다

칭찬 한 줄

Record

때로는 생각을 멈추고
머리를 식힌다

25

찬 한 줄

ecord

하루 종일 뒹굴며
잠을 자며 보낸다

칭찬 한 줄

Record

27

가장 가고 싶은 곳을 적는다

칭찬 한 줄

Record

28

높은 곳에 올라가
야경을 바라본다

칭찬 한 줄

Record

높은 곳에 올라가
야경을 바라본다

29

옛 추억을 회상한다

찬 한 줄

ecord

30

예쁜 풍경을 사진에 담는다

칭찬 한 줄

Record

31

산책을 하며 마음을 정리한다

찬 한 줄

ecord

1

거울을 보며 웃는 얼굴을 연습한다

칭찬 한 줄

Record

2

벚꽃놀이를 간다

칭찬 한 줄

Record

벚꽃놀이를 간다

3

맛있는 도시락을 싸서 소풍을 간다

칭찬 한 줄

Record

맛있는 도시락을 싸서 소풍을 간다

4

나의 장점을 칭찬한다

찬한줄

ecord

5

나는 사랑스러운 존재다

칭찬 한 줄

Record

나는 센스 있는 사람이다

찬 한 줄

ecord

7

따뜻한 말을 건넨다

칭찬 한 줄

Record

사랑하는 사람을 위해 기도한다

칭찬 한 줄

Record

나쁜 말로 상처 주지 않는다

칭찬 한 줄

Record

먼저 다가가 말을 건다

칭찬 한 줄

Record

11

새로운 공부를 시작한다

칭찬 한 줄

Record

새로운 공부를 시작한다

결과에 집착하지 않는다

칭찬 한 줄

Record

13

나는 할 수 있다

칭찬 한 줄

Record

칭찬 한 줄

나는 할 수 있다

14

공부할 때는 공부에만 집중한다

찬 한 줄

ecord

15

마음의 정리를 위해 시를 읽는다

칭찬 한 줄

Record

하루 10분 명상의 시간을 갖는다

16

찬 한 줄

Record

17

하기 싫을 때 아무것도 하지 않는다

칭찬 한 줄

Record

고궁을 거닌다

19

근사한 카페에서 차를 마신다

Record

20

금요일 저녁엔
맛있는 식사를 한다

21

가장 가고 싶은 여행지를 적는다

칭찬 한 줄

Record

기차 여행을 한다

22

23

푸른 바다를 상상한다

칭찬 한 줄

Record

24

일요일의 여유로운 아침을
즐긴다

칭찬 한 줄

Record

25

좋아하는 운동을 한다

칭찬 한 줄

Record

좋아하는 운동을 한다

26

3년 후의 내 모습을 상상한다

3년 후의 내 모습을 상상한다

27

나에게 있어 돈이란 무엇인가를 생각한다

칭찬 한 줄

Record

28

나의 나쁜 습관을 적어본다

칭찬 한 줄

Record

29

나를 비난하지 않는다

칭찬 한 줄

Record

나를 비난하지 않는다

마음의 정리를 위해 일기를 쓴다

찬 한 줄

ecord

1

가족들에게 다정하게 안부를 묻는다

칭찬 한 줄

Record

감사의 마음을 담아 손편지를 쓴다

2

한 줄

ecord

3

내 아이가 잘 성장해주는 것을 감사한다

칭찬 한 줄

Record

내 아이에게 화내지 않는다

4

찬 한 줄

record

5

사랑하는 사람을 위해 아낌없이 잘 해준다

칭찬 한 줄

Record

6

딸에게 "잘 했어"라고 말한다

찬 한 줄

ecord

7

부모님의 평안과 안녕을 기도한다

칭찬 한 줄

Record

부모님께 카네이션을 달아드린다

찬 한 줄

ecord

누군가에게 기쁜 일이 생기면 함께 기뻐한다

칭찬 한 줄

Record

10

누군가에게 감동을 선물한다

찬 한 줄

ecord

11

나만을 위한 시간을 마련한다

칭찬 한 줄

Record

12

인생의 중심은 나다, 나답게 당당하게!

칭찬 한 줄

Record

13

나는 최선을 다해 열심히 했다

칭찬 한 줄

Record

14

나는 훌륭하다

찬 한 줄

Record

15

나는 나를 응원한다

칭찬 한 줄

Record

16

나를 존중한다

찬 한 줄

ecord

17

남들의 시선은 중요하지 않다

칭찬 한 줄

Record

18

나에게 "괜찮아"라고 말한다

찬 한 줄

19

나는 현명하다

칭찬 한 줄

Record

나는 현명하다

완벽하지 않아도 된다

차 한 줄

ecord

완벽하지 않아도 된다

21

마음의 근육을 기른다

칭찬 한 줄

Record

마음의 근육을 기른다

22

모든 것을 잘하려고 하지
않아도 된다

모든 것을 잘하려고 하지
않아도 된다

23

위인전을 읽는다

칭찬 한 줄

Record

내 감정에 충실한다

칭찬 한 줄

Record

25

내 감정을 솔직히 표현한다

칭찬 한 줄

Record

26

너그럽게 받아들인다

칭찬 한 줄

Record

27

기분 좋다고 느꼈던 것들을
생각한다

칭찬 한 줄

Record

사소한 것에 집착하지 않는다

차 한 줄

acord

혼자 버스 여행을 떠나본다

칭찬 한 줄

Record

혼자 버스 여행을 떠나본다

스트레스를 과감히 날려버린다

30

칭찬 한 줄

Record

가족들과 함께 즐거운
저녁식사를 한다

칭찬 한 줄

Record

나는 행복하다

2

나를 소중히 여긴다

칭찬 한 줄

Record

3

나는 잘 된다!

4

영화관에서 혼자 영화를 본다

칭찬 한 줄

Record

영화관에서 혼자 영화를 본다

내 마음이 시키는 대로 한다

5

소소한 일상도 소중히 간직한다

칭찬 한 줄

Record

가끔 하늘을 올려다본다

7

가끔 하늘을 올려다본다

아름다운 꽃들을 감상한다

칭찬 한 줄

Record

아름다운 꽃들을 감상한다

멋진 휴가 계획을 세운다

찬 한 줄

ecord

10

오늘은 화려한 브런치를!

칭찬 한 줄

Record

칭찬 한 줄

오늘은 화려한 브런치를!

음악회에 간다

11

칭찬 한 줄

Record

12

내가 잘하는 일이 몇 개인지 적어본다

칭찬 한 줄

Record

내 정체성을 생각한다

찬 한 줄

ecord

14

내 감정을 소중히 여긴다

칭찬 한 줄

Record

내 감정을 소중히 여긴다

15

사소한 일로 경쟁하지 않는다

칭찬 한 줄

Record

실수했다고 자책하지 않는다

칭찬 한 줄

Record

지금 잠시 멈추어도 좋다

18

친구와 차를 마시며 수다를 떤다

칭찬 한 줄

Record

가장 가고 싶은 휴양지를 적어본다

19

찬 한 줄

ecord

20

나에게 "그럴 수 있어"라고 말한다

칭찬 한 줄

Record

21

상처받은 나를 위로한다

찬 한 줄

ecord

22

나는 혼자가 아니다

칭찬 한 줄

Record

나는 혼자가 아니다

23

남들도 나와 다르지 않은
똑같은 사람이다

24

서운할 때 서운하다고 말한다

칭찬 한 줄

Record

서운할 때 서운하다고 말한다

하기 싫은 일은
당당하게 거절한다

25

칭찬 한 줄

Record

26

혼자 다 하려고 하지 않는다

칭찬 한 줄

Record

혼자 다 하려고 하지 않는다

27

사랑하는 아내에게
하고 싶은 말을 적어본다

칭찬 한 줄

Record

28

친구에게 안부 전화를 한다

칭찬 한 줄

Record

친구에게 안부 전화를 한다

나는 마음이 따뜻하다

30

나는 지구를 사랑한다

칭찬 한 줄

Record

한 달에 한 번 대청소를 계획한다

1

칭찬 한 줄

Record

2

철학 책을 읽는다

칭찬 한 줄

Record

철학 책을 읽는다

배낭여행 계획을 세운다

3

찬 한 줄

ecord

4

밝은 미래를 상상한다

칭찬 한 술

Record

사랑하는 남편에게
하고 싶은 말을 적어본다

더 늦기 전에 "고맙다"라고 말한다

칭찬 한 줄

Record

7

누군가에게 좋은 일이 생기면
진심을 다해 축하한다

찬 한 줄

ecord

나는 매너가 좋다

칭찬 한 줄

Record

나는 좋은 아이디어가 많다

찬 한 줄

ecord

10

오로지 나만을 생각한다

칭찬 한 줄

Record

11

때론 외로움을 즐긴다

찬 한 줄

record

12

지금 나의 일상에 만족한다

칭찬 한 줄

Record

13

남과 비교하지 않는다

14

내가 바라는 인간상을
생각한다

이미 일어난 일들을
후회하지 않는다

15

칭찬 한 줄

Record

이미 일어난 일들을
후회하지 않는다

16

나의 결정은 최고의 결정이었다

칭찬 한 줄

Record

때론 열심히 하지 않아도 좋다

17

칭찬 한 줄

record

18

어린 시절 나에게 사과한다

Record

19

어디에도 내 자리는 있다

20

외로움을 두려워하지 않는다

칭찬 한 줄

Record

21

나는 꼭 필요한 존재다

찬 한 줄

ecord

나는 꼭 필요한 존재다

22

나는 매력이 있다

칭찬 한 줄

Record

23

내가 행복해하는 모습을
상상한다

24

좋은 글을 읽는다

칭찬 한 줄

Record

좋은 글을 읽는다

25

쓰지 않는 물건을 버린다

쓰지 않는 물건을 버린다

26

옷 정리를 한다

칭찬 한 줄

Record

27

화가 날 때 심호흡을 크게 한다

칭찬 한 줄

Record

28

집에 오면 회사에서 있었던 일은
모두 잊는다

29

지금 잠시 멈추고
주변을 돌아본다

칭찬 한 줄

Record

지금 잠시 멈추고
주변을 돌아본다

30

낮잠을 잔다

낮잠을 잔다

31

지난 일기를 읽어본다

잔 한 줄

ecord

지난 일기를 읽어본다

1

나와의 약속을 지킨다

칭찬 한 줄

Record

나의 라이프워크를 생각한다

2

칭찬 한 줄

Record

3

5년 후의 내 모습을 상상한다

칭찬 한 줄

Record

새로운 취미를 갖는다

찬 한 줄

ecord

새로운 취미를 갖는다

5

늦었다고 생각했을 때 시작한다

칭찬 한 줄

Record

마음먹었으면 행동한다

7

초심을 잃지 않는다

칭찬 한 줄

Record

초심을 잃지 않는다

두려워하는 것들을 적어본다

찬 한 줄

ecord

미리 좌절하지 않는다

칭찬 한 줄

Record

10

모든 일에 너무 충실하려고
애쓰지 않는다

찬 한 줄

ecord

11

무조건 참지 않는다.
참는 것만이 능사가 아니다

칭찬 한 줄

Record

12

화가 났을 때 마음을 가라앉히고
잠시 여유를 갖는다

찬 한 줄

13

슬플 때 마음이 시원해질 때까지 실컷 운다

칭찬 한 줄

Record

슬플 때 마음이 시원해질 때까지
실컷 운다

14

시간이 약이다

15

좋아하는 그림을 그린다

칭찬 한 줄

Record

16

좋아하는 영화를 본다

좋아하는 영화를 본다

17

생각을 비우는 것도 필요하다

칭찬 한 줄

Record

생각을 비우는 것도 필요하다

푸르름 가득한 산을 상상한다

18

찬 한 줄

Record

19

젊음을 잃지 않도록
아름답게 가꾼다

칭찬 한 줄

Record

젊음을 잃지 않도록
아름답게 가꾼다

나는 패션 감각이 있다

찬 한 줄

ecord

21

나를 위한 작은 사치를!

칭찬 한 줄

Record

사랑하는 자식에게
하고 싶은 말을 적어본다

22

칭찬 한 줄

Record

23

내 자식의 고민을 들어준다

칭찬 한 줄

Record

24

아들에게 "훌륭해"라고 말한다

25

내 아이와 맛있는 식사를 한다

칭찬 한 줄

Record

주말여행을 떠난다

찬 한 줄

ecord

27

지금 이 순간을
놓치지 않고 즐긴다

칭찬 한 줄

Record

28

재미있는 드라마를 본다

칭찬 한 줄

29

학창시절 즐거웠던 추억을
떠올린다

칭찬 한 줄

Record

30

촛불 명상을 한다

촛불 명상을 한다

여행 사진을 정리한다

칭찬 한 줄

Record

지금 내가 갖고 싶은 물건을 적어본다

1

찬 한 줄

ecord

2

지금의 꿈을 적어본다

3

나는 반드시 성공한다

칭찬 한 줄

Record

나는 반드시 성공한다

4

나는 이미 부자다

칭찬 한 줄

Record

5

지금의 내 감정을 인식한다

기쁠 때 기쁘다고 말한다

칭찬 한 줄

Record

고마울 때 고맙다고 말한다

찬 한 줄

ecord

누군가에게 슬픈 일이 생기면
함께 슬픔을 나누고 위로한다

칭찬 한 줄

Record

누군가에게 먼저 손을 내민다

찬 한 줄

record

10

내가 잘 하지 못하는 일들을 적어본다

칭찬 한 줄

Record

11

나의 단점을 인정한다

찬 한 줄

12

미리 걱정하지 않는다

칭찬 한 줄

Record

13

변명하지 않는다

칭찬 한 줄

Record

14

언제나 인정받지 않아도 된다

칭찬 한 줄

Record

언제나 인정받지 않아도 된다

때론 단호해도 좋다

칭찬 한 줄

Record

16

따뜻하게 거절하는 연습을 한다

칭찬 한 줄

Record

누군가에게 "그럴 수 있어"라고 말한다

17

찬 한 줄

ecord

18

모두에게 사랑받지 않아도 좋다

칭찬 한 줄

Record

모두에게 사랑받지 않아도 좋다

19

사람에게 너무 기대하지 않는다

징찬 한 줄

Record

20

남의 실수를 용서한다

칭찬 한 줄

Record

내 시간만큼 상대방의 시간도
소중히 여긴다

찬 한 줄

22

내가 없어도 세상은 돌아가니
걱정하지 않는다

칭찬 한 줄

Record

23

단풍이 곱게 물든 산을 상상한다

찬 한 줄

ecord

내방을 깨끗이 청소한다

칭찬 한 줄

Record

25

부엌을 깔끔히 정리한다

찬 한 줄

Record

26

음악을 틀어놓고 춤을 춰본다

칭찬 한 줄

Record

27

다도를 즐긴다

찬 한 줄

ecord

다도를 즐긴다

28

동창 모임에 나간다

칭찬 한 줄

Record

29

만 원으로 하루를 즐긴다,
만 원의 행복

칭찬 한 줄

Record

30

하기 싫은 일은 하지 않는다

칭찬 한 줄

Record

1

때론 누군가에게 기대도 좋다

칭찬 한 줄

Record

2

바꿀 수 없다면 받아들이고
아쉬워하지 않는다

칭찬 한 줌

Record

10년 후의 내 모습을 상상한다

3

찬 한 줄

ecord

4

나는 능력이 있다

칭찬 한 줄

Record

칭찬 한 줄

5

나에겐 늘 희망이 있다

칭찬 한 줄

Record

좋은 말을 한다

칭찬 한 줄

Record

7

자신을 의심하지 않는다

일할 때는 일에만 집중한다

칭찬 한 줄

Record

못한다고 자책하지 않아도 된다

찬 한 줄

ecord

못한다고 자책하지 않아도 된다

10

내가 살고 싶은 집을 상상한다

칭찬 한 줄

Record

맛있는 식재료를 사러 간다

11

칭찬 한 줄

Record

12

맛있는 요리를 준비해
친구들을 초대한다

칭찬 한 줄

Record

어릴 적 좋아했던 팝송을 듣는다

13

찬 한 줄

ecord

어릴 적 좋아했던 팝송을 듣는다

14

기분전환으로 반신욕을 한다

칭찬 한 줄

Record

기분전환으로 반신욕을 한다

단풍놀이를 간다

15

찬 한 줄

Record

단풍놀이를 간다

16

좋아하는 연예인을 검색한다

칭찬 한 줄

Record

17

해외여행을 계획한다

칭찬 한 줄

Record

18

지난봄 벚꽃놀이를 떠올린다

칭찬 한 줄

Record

19

함께 했던 학창시절 친구들을
떠올린다

칭찬 한 줄

Record

20

가끔은 다이어트를 포기하고
마음껏 먹는다

칭찬 한 줄

Record

칭찬 한 줄

21

달콤한 케이크를 먹는다

칭찬 한 줄

Record

22

내가 좋아하는 음식들을
적어본다

칭찬 한 줄

Record

나만을 위한 쇼핑을 한다

23

칭찬 한 줄

Record

24

좋아하는 스포츠를 본다

칭찬 한 줄

Record

좋아하는 스포츠를 본다

25

필라테스나 요가를 배워본다

칭찬 한 줄

Record

26

풍경이 멋진 장소를 간다

칭찬 한 줄

Record

풍경이 멋진 장소를 간다

27

모든 것을 잘하려고 하지 않아도 된다

칭찬 한 줄

Record

28

아무것도 하지 않아도
나는 이대로 가치가 있다

칭찬 한 줄

Record

29

내 아이에게 "사랑해"라고 말한다

칭찬 한 줄

Record

30

내 아이의 무탈을 기도한다

칭찬 한 줄

Record

내 아이의 무탈을 기도한다

31

누군가를 위해 봉사한다

칭찬 한 줄

Record

1

지나간 사랑을 생각한다

지금 나의 마음을 표현하지 않으면 늦는다

2

칭찬 한 줄

Record

3

호감이 가는 사람에게 사랑을 고백한다

칭찬 한 줄

Record

4

애인에게 손편지를 쓴다

칭찬 한 줄

Record

5

나는 품위 있는 사람이다

청찬 한 줄

Record

기대에 부응하려고 애쓰지 않는다

칭찬 한 줄

Record

7

친해지려고 노력하지 않아도 된다

칭찬 한 줄

Record

칭찬 한 줄

친구의 고민을 들어준다

칭찬 한 줄

Record

재미없는 이야기라도 끝까지 들어준다

칭찬 한 줄

Record

10

"미안해"라고 먼저 말한다

칭찬 한 줄

Record

11

꼭 좋은 사람, 착한 사람이 아니어도 된다

칭찬 한 줄

Record

12

기분 나쁘다고 느꼈던 것들을 생각한다

13

슬플 때 슬프다고 말한다

칭찬 한 줄

Record

14

슬픈 영화를 본다

찬 한 줄

ecord

슬픈 영화를 본다

15

때론 내 탓이 아니라고
생각한다

칭찬 한 줄

Record

나 자신을 몰아세우지 않는다

칭찬 한 줄

Record

좋아하는 음악을 듣는다

칭찬 한 줄

Record

좋아하는 음악을 듣는다

18

문학 작품을 읽는다

칭찬 한 줄

Record

문학 작품을 읽는다

19

너무 많이 생각하지 않는다

칭찬 한 줄

Record

너무 많이 생각하지 않는다

나의 자존감은 이상 없다

20

칭찬 한 줄

Record

나의 자존감은 이상 없다

21

나의 노력은 부족하지 않다,
노력하지 않아도 좋다

칭찬 한 줄

Record

22

내 삶에 만족한다

칭찬 한 줄

Record

23

활기찬 시장에 가본다

칭찬 한 줄

Record

활기찬 시장에 가본다

놀 때는 노는 데만 집중한다

24

찬 한 줄

record

25

더 늦기 전에 사랑한다고
고백한다

칭찬 한 줄

Record

26

사랑한다고 믿는다

찬 한 줄

Record

등산을 간다

칭찬 한 줄

Record

등산을 간다

28

엄마에게 하고 싶은 말을 적어본다

칭찬 한 줄

Record

29

엄마에게 마음을 담은 선물을 한다

칭찬 한 줄

Record

30

클래식을 듣는다

칭찬 한 줄

Record

1

나는 부지런하다

칭찬 한 줄

Record

2

나는 예의 바른 사람이다

나는 예의 바른 사람이다

3

언제나 용기 내지 않아도 된다

칭찬 한 줄

Record

언제나 용기 내지 않아도 된다

4

반성하지 않아도 된다

Record

반성하지 않아도 된다

5

인생에서 실패한 일을 떠올린다

칭찬 한 줄

Record

나의 단점을 생각한다

칭찬 한 줄

Record

7

미리 불안해하지 않는다

칭찬 한 줄

Record

미움받아도 좋다

칭찬 한 줄

Record

미움받아도 좋다

내 다양한 정체성을 생각한다

칭찬 한 줄

Record

30년 후의 내 모습을 상상한다

칭찬 한 줄

Record

11

나와 마주하다

칭찬 한 줄

Record

무계획이어도 좋다

칭찬 한 줄

Record

13

좋아하는 장소를 간다

청찬 한 줄

Record

14

내가 좋아하는 말을 적어본다

징찬 한 줄

Record

15

내가 좋아하는 패션 아이템을
적어본다

칭찬 한 줄

Record

16

내가 좋아하는 옷들을 코디해 본다

칭찬 한 줄

Record

17

맛집을 찾아간다

18

내 아이와 함께 놀이공원에서
즐겁게 보낸다

칭찬 한 줄

Record

19

아버지에게 하고 싶은 말을 적어본다

칭찬 한 줄

Record

20

어렵고 힘든 사람을 위해 기부한다

칭찬 한 줄

Record

21

때론 도움도 기꺼이 받는다

칭찬 한 줄

Record

22

당당하게 부탁한다

칭찬 한 줄

Record

당당하게 부탁한다

23

미술 전시회를 간다

칭찬 한 줄

Record

24

가족과 함께 크리스마스 트리를 장식한다

칭찬 한 줄

Record

25

행복한 크리스마스를 보낸다

행복한 크리스마스를 보낸다

첫사랑과 데이트했던 장소를
가본다

칭찬 한 줄

Record

27

로맨틱 코미디 영화를 본다

칭찬 한 줄

Record

칭찬 한 줄

28

올 한 해 즐거웠던 일들을
떠올린다

칭찬 한 줄

Record

올 한 해 즐거웠던 일들을
떠올린다

29

새해맞이 대청소를 한다

칭찬 한 줄

Record

한 해를 정리하고 마감한다

칭찬 한 줄

Record

31

새로운 각오와 다짐을 적어본다

칭찬 한 줄

Record

지은이 **정연우**

저작권에이전시 대표를 거쳐 일본어 번역가로 활동하고 있으며, 현재 책을 기획하고 만들며 출판사를 운영하고 있다. 살아오면서 힘들 때마다 더 열심히 해야 한다고 늘 나를 채찍질을 했지만 그럴수록 자신감과 용기를 잃었었다. 어느 날 지금 이대로의 나를 칭찬하며 많은 위로를 받았고 긍정의 마음을 가질 수 있었다. 나를 위한 칭찬이 나를 사랑하게 하고 행복하게 하며 자존감을 높여준다는 것을 깨달았다. 지금은 '나답게 살기'를 받아들이며 좋아하는 일을 하며 살고 있다.
역서로 《우리 아이 예방접종의 불편한 진실7》, 《베르사유의 장미 오스칼 편 & 마리 앙투아네트 편》 등 다수가 있다.

나에게 칭찬 한 줄

1판 1쇄 발행 2016년 12월 26일
지은이 정연우

펴낸곳 아이콘북스
주　소 서울시 공항대로 525, 504호 (등촌동, 비원)
전　화 070-7582-3382
팩　스 02-325-9957
이메일 info@iconbooks.co.kr
홈페이지 www.iconbooks.co.kr
페이스북 www.facebook.com/iconbooksclub

ⓒ 아이콘북스 2016
978-89-97107-36-0 (13190)

이 책은 저작권법에 따라 보호받는 저작물이므로 무단 전재와 무단 복제를 금하며, 이 책 내용의 전부 또는 일부를 이용하려면 반드시 저작권자와 아이콘북스의 서면 동의를 받아야 합니다.

• 잘못된 책은 바꿔 드립니다.
• 책값은 뒤표지에 있습니다.

아이콘북스는 독자 여러분의 다양한 아이디어와 원고 투고를 설레는 마음으로 기다리고 있습니다.
보내실 곳 : info@iconbooks.co.kr